21 mai 1869

Vente du Vendredi 21 Mai 1869

COLLECTION UBOLDO

[appartenait à Beurdeley]

OBJETS D'ART

ET DE CURIOSITÉ

PROVENANT D'ITALIE

EXPOSITIONS

PARTICULIÈRE, *le Mercredi 19 Mai 1869 ;*
PUBLIQUE, *le Jeudi 20 Mai 1869.*

Me CHARLES PILLET
COMMISSAIRE-PRISEUR

M. CARLE DELANGE
EXPERT

CATALOGUE

D'OBJETS D'ART

ET DE CURIOSITÉ

Très-beaux Ivoires des premières époques chrétiennes et autres
Armes offensives et défensives
Armures et Pièces d'armures
Casques — Boucliers — Épées — Dagues — Mousquet — Pistolets
Sculptures en marbre des XVe et XVIe siècles

Provenant d'Italie

COLLECTION UBOLDO

DONT LA VENTE AURA LIEU

HOTEL DROUOT, Salle N° 4

Le Vendredi 21 Mai 1869

A DEUX HEURES

Par le ministère de Me **CHARLES PILLET**, Commissaire-Priseur,
10, rue Grange-Batelière,

Assisté de M. **CARLE DELANGE**, Expert, 7, quai Voltaire,
Chez lesquels se trouve le présent Catalogue

EXPOSITIONS { *PARTICULIÈRE* : le Mercredi 19 Mai 1869.
PUBLIQUE : le Jeudi 20 Mai 1869.

DE UNE HEURE A CINQ HEURES.

CONDITIONS DE LA VENTE.

Elle sera faite au comptant.

Les acquéreurs payeront *cinq pour cent* en sus des enchères.

Paris. — Imprimerie de PILLET fils aîné, 5, rue des Grands-Augustins.

La collection peu nombreuse, que nous offrons en vente, se recommande par quelques pièces qu'on ne rencontre presque jamais. Nous citerons en première ligne les quatre Pyxides en ivoire, monuments à la fois les plus curieux et les plus intéressants de l'art chrétien du bas empire; puis deux plaques d'ivoire provenant de coffrets du XIIIe et du XIVe siècles. Parmi les autres objets, un trône en marbre et un petit monument servant d'encadrement à une charmante sculpture italienne du XVe siècle, puis, au nombre des armes, une cuirasse (dite héroïque) en fer sculpté et ciselé, de la belle époque des grands artistes de la renaissance italienne, exécutée à l'instar des armes des gladiateurs antiques, une demi-armure de la plus belle époque et du plus beau style. Enfin quelques pièces qui, sans avoir la même importance, se recommandent surtout par leur conservation et leur pureté, conditions aujourd'hui si rares dans les objets de collection.

DÉSIGNATION DES OBJETS

IVOIRES

1 — Pyxide ou custode circulaire représentant divers sujets du Nouveau Testament. La Vierge, assise sur un siége antique, est occupée à filer. Un ange lui apparaît et lui annonce qu'elle sera mère. — L'arrivée à Bethléem : La Vierge, montée sur un âne, un bras passé autour du col de saint Joseph, qui lui soutient le pied pour l'aider à descendre. Un ange tient l'animal par la bride. — L'Enfant Jésus enmaillotté et couché dans une crèche; une étoile se lève à ses pieds et les animaux de l'étable, par leur attitude, semblent célébrer la naissance du Sauveur, qu'un personnage agenouillé au bas annonce par un geste énergique à l'univers, tandis que la Vierge, placée au milieu de coussins, semble heureuse de sa délivrance. Derrière

elle un ange, tenant d'une main un encensoir et de l'autre le signe de notre salut.

Au-dessous de la partie réservée pour la serrure, la croix antique a quatre croisillons égaux dans un cercle, symbole de l'éternité.

Travail du ve au vi^e^ siècle.

2 — Pyxide ou custode circulaire représentant divers miracles de la vie de Jésus. — La Samaritaine au puits, Jésus et l'hémoroïsse. — Le paralytique guéri portant son lit. — L'aveugle de Jéricho. — Résurrection de Lazare. — Le démoniaque enchaîné.

Travail du ve au vi^e^ siècle.

Le couvercle en ivoire a été remplacé au xie siècle par un couvercle en cuivre repoussé, représentant deux apôtres séparés par une croix surmontée d'une colombe dans un disque. Cette restauration ajoute, au lieu d'ôter de l'intérêt à l'objet.

3 — Pyxide ou custode représentant les trois frères Ananias, Michaël et Asarias, compagnons de Daniel, condamnés par Nabuchodonosor à être jeté dans la fournaise. Un ange avec une croix éteint l'ardeur du feu, et on les voit chanter au milieu des flammes les louanges du Seigneur. Frappé de ce prodige, le roi les fait gouverneurs de trois provinces. Les personnages sont représentés dans les costumes des barbares du bas empire, coiffés du bonnet phrygien.

Travail du ve au vi^e^ siècle.

Le vase est muni de son couvercle en ivoire tourné. La garniture en argent est très-postérieure. Il est rare de rencontrer une de ces pièces aussi complète.

4 — Pyxide ou custode circulaire, de forme allongée, représentant Jésus suivi de plusieurs disciples ou apôtres ouvrant la porte des Limbes.

Travail barbare du VIe au VIIe siècle.

De tous les objets de mobilier d'églises ayant servi à renfermer l'Eucharistie, les plus anciens sont les Pyxides, elles ont précédé les colombes et remontent aux premiers siècles du christianisme. Elles rappellent la forme des coffrets à bijoux antiques, et elles contenaient, en effet, ce que les chrétiens catholiques considèrent comme le plus précieux. Elles sont en outre de curieux specimens du plus ancien art chrétien appartenant à l'époque du bas empire, et très-peu de collections publiques ou particulières en possèdent.

5 — Vierge en ivoire; elle est représentée debout tenant dans ses bras l'enfant Jésus, travail italien de la fin du XIVe siècle.

6 — Diptyque à deux registres représentant la Nativité et l'Adoration des Mages, le Crucifiement et le Couronnement de la Vierge. Les sujets sont placés sous un couronnement ogival.

Travail du commencement du XIVe siècle.

7 — Diptyque à deux registres représentant l'Entrée à Jérusalem, le Lavement des pieds, le Baiser de Judas, Jésus remettant l'oreille à Malchus, et le Crucifiement. Les sujets sont placés dans un encadrement à quatre lobes et à redents.

Travail du commencement du XIVe siècle.

8 — Diptyque représentant, en léger relief, les divers sujets de la Passion, sur différents plans et sous un couronnement ogival surmonté de frontons aigus.

Travail très-fin du XIVe siècle.

9 — Feuillet de diptyque à deux registres. Celui d'en bas représente l'Adoration des Mages et l'Entrée à Jérusalem ; celui d'en haut, le Lavement des pieds et le Christ apparaissant à la Madeleine après sa résurrection. Les sujets sont surmontés d'un couronnement ogival.

Travail du commencement du XIVe siècle.

10 — Feuillet de diptyque à deux registres. Celui d'en haut représente Jésus ressuscitant Lazare ; celui d'en bas, Jésus à la colonne.

Travail du XIIIe au XIVe siècle.

11 — Fragment d'une plaque légèrement cintrée repré-

sentant Jésus en croix, au milieu de ses disciples et des saintes femmes.

Travail du XIVe siècle.

12 — Plaque de coffret représentant quatre sujets de romans de chevalerie, placés sous des porches, dans le style ogival, surmontés de frontons aigus.

Travail du XIIIe siècle.

13 — Plaque de coffret représentant un Tournoi. Deux chevaliers, au son des trompes, s'abordent. Au-dessus d'eux des tribunes remplies de spectateurs des deux sexes.

Travail du XIVe siècle.

14 — Plaque de miroir représentant un Couple jouant aux échecs. Aux quatre angles des bêtes fantastiques.

15 — Plaque de miroir circulaire. Même sujet que le précédent.

16 — Plaque en léger relief représentant deux empereurs germaniques à cheval, placés sous deux arcades surbaissées.

Travail du XVIe siècle.

MARBRES

17 — Curieux siége surmonté d'un baldaquin, richement décoré de sculptures et de figures de saints placées sous des arcades en ogive. Sur une des contre-marches, une épée sculptée indiquant que la statue assise représentait saint Paul.

Beau travail italien du XIVe au XVe siècle.

18 — Petit retable se terminant par un pendentif, sous l'arcade en plein cintre et faisant perspective, la Madone tenant l'enfant Jésus, portée sur les ailes d'un chérubin.

Charmante sculpture de la fin du XVe siècle, attribuée à Desiderio da Settignano.

19 — Bas-relief. La Nativité. — L'Enfant Jésus, la Vierge saint Joseph.

Travail italien de la fin du XVe siècle.

École florentine.

20 — Bas-relief. La Présentation au temple. Même école. XVe siècle.

21 — Bas-relief. La Vierge en pied et debout tenant l'enfant Jésus. L'Agnus Dei caresse de sa patte les vêtements de la Vierge.

Charmante sculpture de la fin du XVe siècle.

École florentine.

22 — Grand médaillon en vert antique représentant en bas-relief le buste d'un personnage coiffé de longs cheveux.

Très-beau travail italien du commencement du XVe siècle.

23 — Jolie figure, en ronde bosse, représentant Bacchus enfant agenouillé. Il tient de chaque main une grappe de raisin. Sous le pied un lis. DOMENICUS FECIT.

Travail italien du XIIIe siècle.

24 — La Madeleine dans le désert. Elle est étendue sur une draperie par terre, très-peu vêtue et tenant une tête de mort.

Travail italien d'une grande souplesse d'exécution du XVIIe siècle.

25 — Grand pied chaussé d'un cothurne en porphyre oriental.

Beau travail antique.

26 — Jambe de même modèle et demi-nature.

Travail antique du IIIe siècle.

27 — Petite tête de guerrier vue de face; elle est casquée.

Travail en jaune antique.

ARMES

28 — Cuirasse, dite héroïque, sculptée et ciselée dans la pièce en léger relief. Elle est décorée sur toute sa surface d'arabesques fantastiques entremêlés de médaillons à figures ; au bas sont représentés deux guerriers à cheval, habillés à l'antique, marchant l'un sur l'autre; au centre dans un grand cartouche, un blason. La bordure ornée de trophées d'armes porte la trace d'un biscaïen. Pièce très-remarquable dans le beau travail de la fin du XVe siècle et le style des grands sculpteurs de l'époque. Ces sortes de cuirasses se portaient avec le reste de l'armure unie, elles étaient sans dos, et se rattachaient par des bretelles à des tassettes placées sur les reins; elles étaient souvent accompagnées, comme on le voit sur les médailles de l'époque, d'une épaulière à tête de monstre.

29 — Épaulière d'armure héroïque formée par une tête de monstre, dans les cheveux quelques damasquines d'argent. Postérieurement on en a fait une visière de casque, en y perçant assez grossièrement des trous dans les yeux.

30 — Demi-armure en acier poli se composant d'une cuirasse, d'un colletin et de deux brassards complets; le tout à cannelures lisses et gravées d'ornements et de sujets religieux. Elle porte une inscription latine sur le devant de la cuirasse : *Cristus rex venit in pace et Deus homo factus est.* Elle a conservé presque toute sa dorure.

Superbe spécimen du travail milanais du commencement du XVIe siècle.

30 *bis* — Demi-armure de piéton se composant de la cuirasse, des brassards et des cuirasses. Elle est unie à bandes saillantes.

31 — Devant de cuirasse en acier poli et bruni, muni de tassettes. Elle est bombée et bordée de bandes gravées et dorées. Sur le devant, un cartouche représentant une figure de sainte en pied tenant un monument gothique.

Époque du XVe siècle.

32 — Devant de cuirasse, forme en pointe par le bas. Sur l'arête du milieu une rangée de boutons, simulant ceux

d'un pourpoint. Elle s'ouvrait en deux parties, montées sur des charnières qui s'attachaient au dos.

Pièce des plus curieuses.

33 — Deux brassards avec leurs épaulières en acier, à bandes alternées, lisses et gravées de figures et d'arabesques avec parties dorées.

XVIe siècle.

34 — Deux cuissards en acier avec leurs jambières, à bandes gravées d'arabesques et dorées.

XVIe siècle.

35 — Devant de cuirasse en fer, à bandes lisses et gravées d'arabesques et figures. Le fond bronzé bleu.

XIe siècle.

36 — Dos de cuirasse en fer uni.

37 — Deux tassettes à bandes, en acier bronzé.

38 — Colletin en fer, entièrement gravé et doré d'attributs guerriers, avec médaillon bronzé bleu à figure de guerrier.

XVIe siècle.

39 — Paire de jambières à bandes gravées.
xvie siècle.

40 — Deux gantelets, dits mitaines; l'un d'eux à bandes gravées.

41 — Bouclier en fer uni, à compartiments, renforcé intérieurement, avec ombilic formé de feuillages découpés et dorés, et pointe au centre.

42 — Bourguignotte à oreillons, en fer repoussé, à feuillage de chêne. Le bec, en forme de tête fantastique, terminée en queue de dragon, faisant crinière.
xvie siècle. Pièce remarquable.

43 — Bourguignotte à bandes gravées, médaillons et attributs guerriers. Traces de dorure.
xvie siècle.

44 — Morion en acier bronzé bleu, décoré de médaillons, figures et cartouches gravés et dorés.
xvie siècle.

45 — Pot de tête, à bandes et médaillons gravés, à figures de guerriers. Parties dorées.
xvie siècle.

46 — Heaume à visière, en forme d'animal grotesque.
Fin du XVIe siècle.

47 — Heaume à visière formé par une tête humaine.
Fin du XVIe siècle.

48 — Heaume à bandes cannelées.
XVIe siècle.

49 — Heaume à filets gravés.
Même époque.

50 — Heaume à visière grillée et bandes gravées.
XVIe siècle.

51 — Heaume en acier bleui. Traces de dorure sur le cimier.

ARMES OFFENSIVES

52 — Epée à quillons recourbés en sens inverse, la garde et la fusée en fer ciselé; le pommeau est formé par une tête d'oiseau. Travail italien du XVIe siècle.

53 — Epée en fer, dite rapière, à simple garde et quillons droits; la coquille à panier est ciselée et repercée.

53 bis — Glaive à poignée en cuivre doré, pommeau formé par une tête humaine, la fusée ornées d'attributs guerriers; elle est à croisettes recourbées. Travail vénitien du XVe siècle.

54 — Jolie main-gauche dont la garde et la contre-garde sont finement ciselées et repercées, lame à un seul tranchant et dos à gouttières.

55 — Grande main-gauche à garde unie et contre-garde très finement ciselée; pièce rare.

56 — Jolie épée courte, dont la garde à coquille est finement ciselée en haut-relief à l'intérieur et à l'extérieur; les deux quillons se terminent par de petites cariatides.

57 — Autre, à peu près semblable et de la même finesse d'exécution.

58 — Epée à quillons recourbés, garde fusée et pommeau en fer damasquiné d'argent, la lame flamboyante.

59 — Epée courte ou grande dague à simple croisette damasquinée d'argent.

60 — Autre, moins riche d'incrustatio

61 — Epée, dite rapière, à gardes contournées, dont les vides sont garnis de plaques décorées d'ornements repoussés.

62 — Epée à quillons recourbés avec double coquille finement repercée.

63 — Epée à deux gardes et un seul quillon, coquille aplatie, ciselée et à jour.

64 — Epée, en fer à garde et contre-garde contournées; elle porte les traces de son ancienne dorure. XVIe siècle.

65 — Autre à peu près semblable.

66 — Grande épée d'infanterie suisse, à deux mains.

67 — Epée à deux quillons droits et coquille festonnée sur le bord, finement découpée à jours.

68 — Plusieurs épées à lames courtes.
Ce n° sera divisé.

69 — Langue de bœuf dont les plaques de la poignée en ivoire manquent.

69 bis. — Beau poignard persan, poignée en dent de morse avec garniture en argent doré et ciselé; les garnitures du fourreau sont en émail translucide sur argent.

Travail oriental du XVe siècle. Pièce rare.

70 — Marteau et hache d'armes dont la lame est découpée à l'intérieur; elle se termine par un fer de lance.

71 — Petite masse d'armes à ailerons.

72 — Hallebarde à fer doré en partie.

73 — Joli fer d'esponton ou demi-pique d'officier d'infanterie en fer ciselé, doré; à la naissance du fer un trophée d'armes découpé à jour, sur la lame des blasons.

xviie siècle.

74 — Jolie garde d'épée de l'époque de Louis XV en fer finement ciselé à l'intérieur et à l'extérieur.

75 — Bel éperon en fer damasquiné d'argent, xviie siècle. — Fourreau de trousse en fer ciselé.

76 — Très-beau mousquet à rouet, dont le bois est entièrement couvert de belles incrustations gravées en corne de cerf, la batterie est ornée de fines ciselures.

77 — Grand et magnifique pistolet dont la monture et le canon damasquinés d'or sont entièrement décorés de fines ciselures; sur le canon une figure en pied de Mars. Le bois est décoré d'incrustations d'argent.

Travail italien du xviie siècle.

78 — Très-belle paire de pistolets dont la monture ainsi que les canons sont entièrement décorés de fines ciselures et damasquinés d'argent et or, le bois est orné de filets incrustés en argent.

Même travail et même époque.

79 — Paire de pistolets de l'époque de Louis XIV dont le bois est richement décoré d'incrustations gravées en argent.

80 — Paire de pistolets de même époque avec incrustations ciselées en argent ; sur la moitié du canon sont ciselés en haut-relief des trophées d'armes.

81 — Poire à poudre gravée et sculptées en corne de cerf, représentant d'un côté la Force assise sur un lion et tenant une colonne sur ses genoux.

82 — Petite poire à poudre, dite pulvérin, en bois finement incrusté de cuivre, et sa garniture en cuivre.

83 — Grosse poire à poudre en bois sculpté, représentant un ours aux prises avec des chiens; sa garniture en fer.

84 — Trois poudrières et pulvérins en corne de rhinocéros, une en maroquin brodé d'or.

85 — Pièce de cuivre gravé, disposée en rondache, elle est décorée de fines gravures représentant, au centre autour de l'Ombilic, un combat de cavalerie; sur la bordure : des cartouches à sujet de bataille, alternés avec des arabesques et des médaillons à portraits.

86 — Grand bouclier rondache recouvert de peau, entièrement décoré de fines arabesques frappées, dorées, et rehaussées de points en couleur.

Autre de même style et de même forme moins grand.

87 — Etui complet accompagné de son couvercle en cuir repoussé et gravé. Il est décoré de figures chimériques et autres ornements, il porte encore des traces de son ancienne dorure, à l'intérieur des divisions pour différents couteaux de diverse grandeur.

88 — Autre à peu près semblable, tous les deux ont leur base évasée de manière à tenir debout.

89 — Beau fourreau complet muni de son couvercle en cuir repoussé et gravé, couvert de riches arabesques et de figures en haut-relief, ayant servi à contenir les ustensiles de veneur ou de chirurgie.

90 — Poire à poudre de même matière et de même travail muni de sa garniture en fer.

91 — Grand mascaron barbu en fer repoussé.

92 — Sous ce n° seront vendus des objets omis au catalogue.

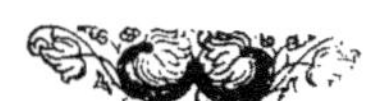

3

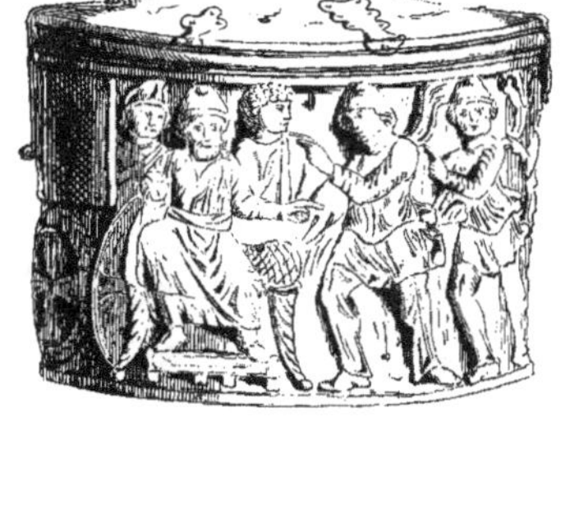

1

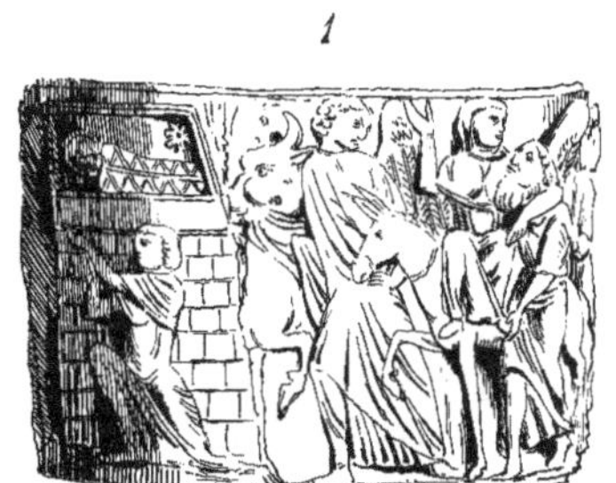

2

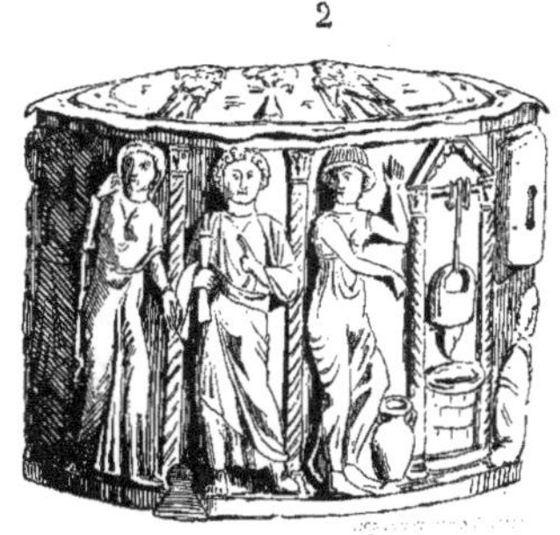

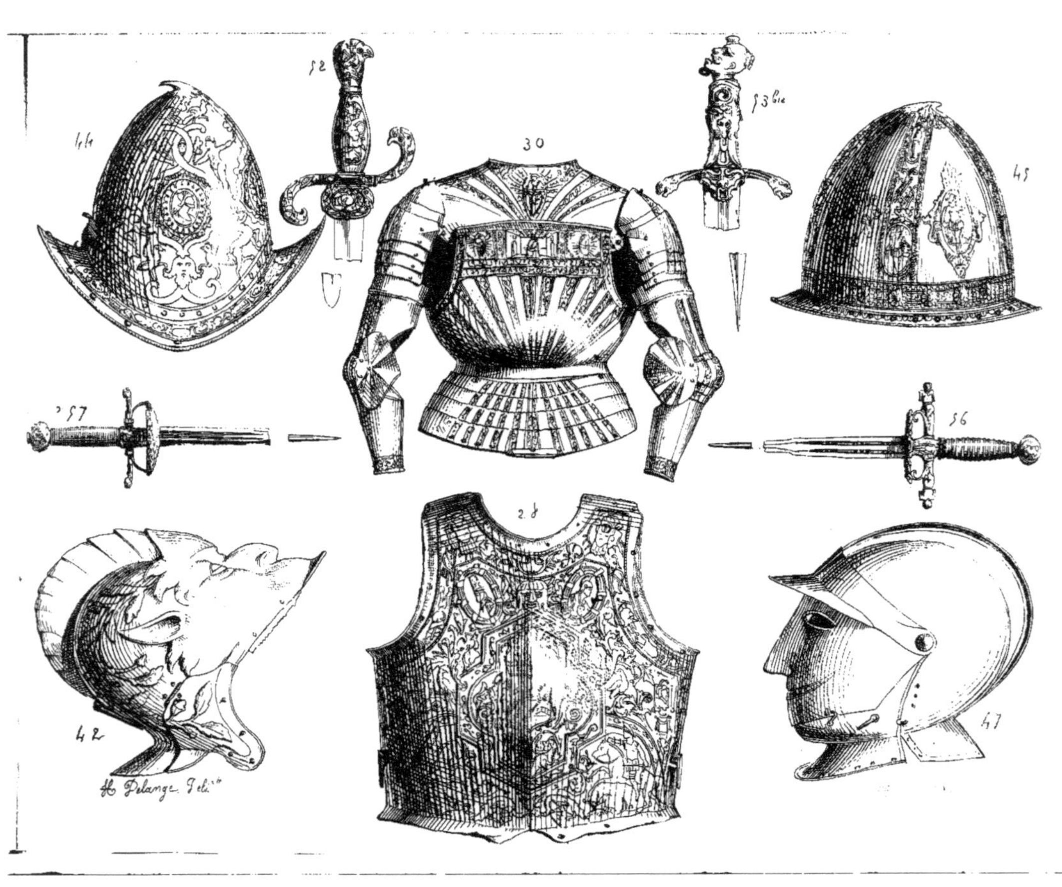

30
42
47
56

www.ingramcontent.com/pod-product-compliance
Lightning Source LLC
LaVergne TN
LVHW010406240826
846091LV00020B/2811